7
Lk 604.

LE P. LAIRE

ET

LA BIBLIOTHÈQUE PUBLIQUE D'AUXERRE.

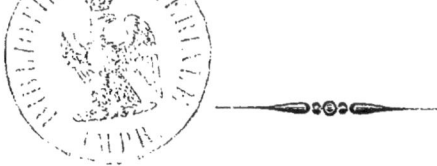

LE P. LAIRE

ET

LA BIBLIOTHÈQUE PUBLIQUE

D'AUXERRE.

La ville d'Auxerre possède une Bibliothèque sur l'origine de laquelle je crois qu'il n'est pas sans intérêt de dire quelques mots, non plus que sur celui qui la fonda. C'est donc pour cela que j'ai placé sous le même titre *le P. Laire et la Bibliothèque publique d'Auxerre.*

Le savant moine est venu prodiguer, avec le plus grand dévouement, les trésors de sa science à un pays que le hasard des révolutions l'avait forcé d'accepter pour demeure. Il y a passé dix ans de sa vie au profit du département et en particulier de la ville d'Auxerre. Cinquante ans se sont écoulés depuis sa mort, il est bien temps qu'on lui rende quelque honneur aux lieux mêmes où il l'a si noblement mérité.

La biographie universelle de Michaud a publié sur le P. Laire une notice due au savant M. Weiss, bibliothécaire à Besançon, qui était presque son compatriote. C'est là que je puiserai les faits généraux des cinquante-deux premières années de sa vie ; je ne puis mieux faire que d'emprunter à ce recueil, ordinairement bien renseigné et qui, pour l'objet qui m'occupe, puisait pour ainsi dire à la source.

Le P. Laire (François-Xavier) naquit le 10 novembre 1738, à Vadans, village près d'Arbois, en Franche-Comté. Son éducation fut dirigée d'abord par un de ses oncles, curé d'une paroisse voisine, qui l'envoya ensuite terminer ses études au collége de Dôle. Une vocation décidée pour les lettres et la retraite le porta à entrer dans l'Ordre des PP. Minimes. Bientôt après il professait la philosophie au collége d'Arbois. Dans un voyage qu'il fit en Italie, en 1774, il se livra à tout son goût pour la bibliographie et se fit remarquer des savants. Le prince de Salm-Salm le prit pour son bibliothécaire. Après quelques années de résidence en Italie, il revint à Dôle avec de nombreux documents sur les bibliothèques des principales villes de la Péninsule. Il avait reçu, dans ce pays, le titre de membre de l'académie des Arcades de Rome et de la société Colombaire de Florence. L'académie de Besançon s'empressa aussi de l'admettre dans son sein.

En 1786, M. Loménie de Brienne, alors archevêque de Bordeaux, le chargea du soin de sa bibliothèque. Le P. Laire accepta avec empressement cette modeste position qui le mettait à même de cultiver et de satisfaire son goût passionné pour les livres. Il retourna, en 1788, en Italie, pour faire de nouvelles recherches dans les bibliothèques et y découvrir les éditions rares inconnues à leurs possesseurs. M. de Loménie, qui venait de quitter le ministère, l'y rejoignit, et ils visitèrent ensemble les bibliothèques de Venise, de Padoue et de Florence. On rapporte que le P. Laire étant à Rome, reçut des témoignages flatteurs de l'estime du pape Pie VI, qui voulait se l'attacher en lui donnant une place de bibliothécaire au Vatican. Mais son affection pour le cardinal de Brienne lui fit refuser cet avantage ainsi que l'offre du grand-duc Léopold pour l'attirer à Vienne. Il revint en France décidé à partager le sort de son protecteur. Il avait publié, à Pise, en 1790, un volume in-12, ayant pour titre *Serie dell' edizioni Aldine*, ouvrage auquel on croit que le cardinal de Brienne participa. L'année suivante, étant à Sens, il donna un *Index librorum ab inventa typographia usque ad annum* 1500 *chronologice dispositus*, 2 vol. in-8. C'est le catalogue des anciennes éditions que le P. Laire avait rassemblées lui-même dans la bibliothèque du cardinal de Brienne, et qu'il eut le chagrin de voir vendre et disperser.

La révolution, en détruisant radicalement toutes les anciennes institutions religieuses, allait donner au P. Laire l'occasion d'employer de la manière la plus précieuse sa science bibliographique et son zèle pour la conservation des œuvres littéraires. On le verra aussi dévoué à la science pendant ces temps agités, que lorsqu'il travaillait dans le calme du Vatican. Mettant à profit les formes du langage du temps, l'exagération même des idées nouvelles, il s'en servit pour recueillir et sauver de la destruction les livres, les manuscrits et les tableaux que le hasard et le trouble du moment jetaient sur la place publique.

L'administration du district de Sens, en exécution du décret du 5 novembre 1790, sur la conservation des livres, gravures et manuscrits provenant des communautés religieuses, voulant sauver de la ruine les trésors de ce genre que renfermaient les riches et nombreuses abbayes du district, résolut de les réunir à Sens dans un dépôt commun. Le bâtiment de l'officialité fut destiné à cet usage, et le district nomma « M. Laire, ci-devant bibliothécaire de M. de Loménie, archevêque de Sens, en la même qualité au service du département, comme la personne le plus dans le cas de remplir le but du décret et avec le plus d'ordre, d'activité, de sagacité et de connaissances. » Cette délibération, prise le 15 avril 1791, fut approuvée le 23 par le directoire du département, qui accorda 800 liv. de traitement au P. Laire. Il devait, en vertu de ses nouvelles fonctions, dresser le catalogue particulier de chaque bibliothèque des maisons ecclésiastiques supprimées, et envoyer au plus vite son travail au département.

Pendant six mois le P. Laire travaille avec ardeur à remplir sa mission. Tous les livres *nationaux* du district sont réunis dans la vaste salle de l'officialité. Les cartes analytiques sont dressées au nombre de près de 4,000. Il fait plus spécialement celles de 200 manuscrits. Au mois de novembre 1791, le P. Laire envoie un rapport à l'administration départementale. Il y rend compte de l'exécution des ordres qu'il a reçus. Mais en homme supérieur qui conçoit toute l'utilité qu'on peut tirer de ces trésors fortuitement rassemblés par suite des événements, il propose un nouveau plan d'organisation. Il voudrait qu'on eût chargé, dans le royaume, dix à douze gens de lettres parfaitement instruits dans les sciences bibliographiques et diplomatiques qui se seraient partagé les 83 départements et en auraient parcouru tous les dépôts, en auraient trié les bons livres et tous les manuscrits sans exception, lesquels, sous leurs yeux, auraient été encaissés et envoyés au département. Par cette opération très-facile, on aurait pu ainsi former une très-bonne bibliothèque dans chaque chef-lieu de département.

Ensuite on aurait fait un second triage pour conserver les livres dont on pouvait tirer bon parti, pour la formation d'une bibliothèque dans chaque district, et puis on aurait mis le reste au rebut.

Ce plan, comme on le verra plus loin, a toujours été présent à l'esprit du P. Laire, et il l'a exécuté dans la formation de la bibliothèque de l'école centrale.

Le rapport où sont contenues ces propositions est du 24 novembre 1791 (1).

Peu de jours après, le conseil général du département, sous la pré-

---

(1) Un post-scriptum intéressant mérite au P. Laire la reconnaissance de tous les amis de notre histoire.

« Je pense, Messieurs, dit-il, qu'également vous ne perdrez pas de vue les archives ; j'entends la partie des cartulaires, chartres, diplômes, brevets, brefs, bulles, en un mot de toutes les pièces connues des souverains jusqu'au XIVe siècle. Cette partie est infiniment intéressante, non seulement pour l'histoire de France, mais pour celle de toutes les nations qui nous maudiroient dans tous les siècles de n'avoir sauvé ces pièces intéressantes. Si vous souhaitez un projet sur cet objet, je me ferai l'honneur de vous le présenter. »

sidence de M. Lepeletier de Saint-Fargeau, frappé de la portée de ce travail, en témoigna ses remerciements au docte moine et l'invita à préparer un plan général sur la destination la plus avantageuse des livres des départements qui pût, étant mis sous les yeux de l'assemblée nationale, servir de base à une disposition générale sur cette matière.

L'administration le nomma en même temps son bibliothécaire et le chargea de la formation des catalogues de toutes les bibliothèques du département.

Enthousiasmé de l'accueil qui était fait à ses projets, le P. Laire s'empressa de composer un *Mémoire sur l'usage qu'on peut faire des livres nationaux.*

Après un avant-propos poétique sur l'utilité des bibliothèques publiques, il propose de fonder, auprès des administrations départementales, des bibliothèques aussi complètes que possible, et auxquelles on joindra les archives de la nation ; de livrer au public les bibliothèques attachées aux évêchés, de ne laisser aux séminaires que des livres de théologie et aux colléges ceux qui sont analogues à leurs études, et enfin de conserver et d'augmenter les bibliothèques qui ont été fondées et léguées pour l'usage public.

Il veut ensuite que chaque département nomme un commissaire-général, homme d'expérience et de probité, qui sera chargé de parcourir tous les districts pour veiller à la confection des cartes du catalogue général des livres nationaux. Il entre dans les plus grands détails pour l'exécution de ce projet dont il parlait déjà dans son premier rapport. La formation de la bibliothèque départementale, à l'aide des cartes analytiques, était en effet une chose très-facile, et l'on verra bientôt le P. Laire mettre lui-même son plan à exécution.

Mais il pressentait aussi l'abus qu'on pourrait faire de ces catalogues qui allaient révéler à Paris tous les trésors conservés dans les provinces. Il craignait qu'on n'accordât à la Bibliothèque royale et à la ville de Paris les livres rares et précieux, et il s'écrie : pourquoi voulez-vous priver le royaume d'un bien qui lui appartient ? Les propriétés ne sont-elles pas sacrées ? Etudie-t-on moins à Perpignan qu'à Paris ? Le génie français n'est-il pas le même dans toute l'étendue de son empire ?

L'assemblée nationale, préoccupée des graves événements de chaque jour, n'attacha pas grande attention au projet du P. Laire. Elle continua d'ordonner l'envoi des cartes des catalogues des bibliothèques provenant des maisons religieuses.

L'année 1792 se passa dans le travail des catalogues des livres du district de Sens que le P. Laire continuait. Dans les autres parties du département on opérait également, mais avec lenteur (1).

Le 27 septembre, le P. Laire rendit compte à l'administration de l'achèvement du travail du catalogue. Mais en même temps il conseilla de ne pas envoyer à Paris les cartes des livres ; « car, dit-il, il pourrait arriver que les vues de la convention ne fussent pas les mêmes que celles de l'assemblée constituante, tendant à favoriser la grande Bibliothèque de Paris, dite ci-devant royale, au détriment de celles des villes principales et de département. »

L'administration le remercia aussitôt de ses travaux.

Cependant, le projet de former une bibliothèque départementale, d'après les idées du P. Laire, préoccupait l'administration. Il se trouvait parmi ses membres des hommes éclairés qui comprenaient toute l'importance d'une telle institution. Un arrêté du conseil général, du 23 juillet 1793, décida que le département ferait, à cet effet, l'acquisition de l'emplacement de la bibliothèque du ci-devant Chapitre. Le lieu était convenable, on pouvait y accéder par une des cours de l'évêché, en pratiquant une porte et un escalier (2).

(1) Un état, dressé le 23 juillet 1791, porte le nombre des livres des communautés de la ville d'Auxerre à 15,715, et celui des manuscrits à 113. Le Chapitre Saint-Etienne avait 6,302 volumes et 65 manuscrits, Saint-Germain 3,735 volumes et 14 manuscrits.
(2) C'est le bâtiment qui aboutit au chevet de l'église cathédrale du côté du sud.

Le P. Laire continuait de résider à Sens et voyageait dans le département, suivant les besoins de son service. Il était assez mal payé, et après neuf mois de courses et de travail, il n'avait reçu que mille livres. Etant à Auxerre à la fin de décembre 1792, il fut obligé d'adresser une requête à la nouvelle administration départementale pour être indemnisé. Il y prend le titre de *chargé du soin des bibliothèques du département*.

Il ne peut être douteux que le P. Laire fût aussi désireux de conserver les livres concernant le nobiliaire que ceux des autres genres. Mais il avait reçu des ordres formels : il fallut les exécuter, et pour se faire bien venir de ses nouveaux maîtres (l'administration venait d'être renouvelée), il écrivit, le 28 novembre 1792, qu'il allait apporter à Auxerre quantité de ces ouvrages qu'il avait recueillis chez un émigré, et qu'il aurait la satisfaction de voir anéantir des livres « dont par l'orgueilleux motif qui les avoit fait naître faisoient la honte d'une nation qu'ils avilissoient en s'en appliquant toute la gloire. »

Il faut dire, pour la justification de ce pathos, qu'il n'a fait que signer la lettre qui le contient. Il n'aurait jamais parlé un style aussi grotesque.

En 1793, le séquestre des biens des émigrés vint augmenter le travail de conservation des livres et autres objets concernant les arts et les sciences. Il fallut activer les inventaires de toutes les collections précieuses qui dépérissaient entre les mains des nouveaux vandales contre lesquels Grégoire avait lancé son fameux rapport à la convention.

Le département de l'Yonne s'occupa encore avec activité des moyens d'exécuter les ordres du gouvernement. Mais il n'avait pas beaucoup d'hommes de la valeur du P. Laire pour remplir ses intentions. En vain prescrivait-il par un arrêté (1) la nomination de commissaires

---

(1) La minute de cette pièce est d'un sieur Joux, employé des Etats de Bourgogne, à Auxerre. Ce personnage original ne manquait pas d'érudition et de con-

bibliographes qu'il mettait sous la direction du P. Laire et qui devaient recueillir dans les édifices nationaux, chez les émigrés et dans tous les dépôts publics les livres, chartes, manuscrits, vases, tableaux, médailles, statues et tous les monuments des arts pour en former des catalogues qui seraient adressés à l'administration départementale. Ces personnes, chargées de travailler gratuitement, firent peu ou point. Je n'ai vu des minutes de ces catalogues de manuscrits et d'objets d'art que de la main du P. Laire. La bibliothèque publique ou *Musœum* ne fut pas encore réalisée.

Parmi les commissaires bibliographes d'Auxerre, on doit citer Joseph Fourier, qui s'employa à cette besogne avec MM. Chaudé, Perthuis et autres. Fourier, qui professait à cette époque à Auxerre, demanda une place de bibliothécaire qu'on allait créer. L'original de sa lettre est aux archives du département. Elle est précieuse par sa forme et sa concision, et décèle déjà ce que sera un jour son auteur. en voici les termes :

  Egalité, Liberté. Ce 24e nivôse, l'an II de la République française, une et indivisible.

Joseph Fourier aux administrateurs du département de l'Yonne.

  Citoyens,

« La Convention nationale a voulu qu'il y eût une bibliothèque publique dans chaque chef-lieu de département.

» Ce vœu est rempli dans la plupart des divisions de la république.

» L'administration se propose de nommer celui qui doit diriger cet établissement dans la commune d'Auxerre.

» Joseph Fourier, professeur d'éloquence, se présente pour remplir cette place.

---

naissances historiques sur le pays. Il a recueilli une foule de documents et a composé une *Description historique, topographique et physique du comté d'Auxerre*, présentée aux Elus de la province en 1788, dont il ne nous reste qu'un résumé sous forme de tableau.

» Domicilié dans cette commune, il y a occupé successivement les chaires publiques de mathématique, d'histoire, d'éloquence et de philosophie. Adonné dès l'enfance et avec trop d'ardeur peut-être à l'étude des sciences exactes ; passant les nuits à s'instruire et les jours à instruire les autres, il a besoin du repos de plusieurs années.

» Il n'a de patrimoine que le temps et de bien acquis que l'estime publique. Ses mœurs sont sans reproches et son civisme assez connu, est d'ailleurs attesté par l'élection du peuple qui l'a placé dans une fonction publique. La place dont il s'agit convient à un homme de lettres résidant à Auxerre, il la sollicite comme une récompense nationale.

» Il ne cessera son cours public d'éloquence que lorsqu'un citoyen agréé par l'administration se présentera pour le remplacer. »

» Fourier. »

Il ne paraît pas que cette requête ait eu de suite, le décret de la convention resta une lettre morte, car, quelque temps après, les commissaires bibliographes travaillaient toujours.

Le P. Laire, de Sens où il résidait avec le titre de bibliothécaire du district, continuait de diriger les travaux de conservation des monuments appartenant aux sciences et aux arts. Il félicitait, au mois de floréal an II, les administrateurs du département, du résultat des travaux des commissaires auxquels il promet tous les conseils dont ils auront besoin. Mais, ajoute-t-il, en parlant de la ville de Sens, « je vois avec douleur que malgré mes instances, par une apathie territoriale, icy on ne s'en est pas encore occupé, ce qui me surcharge d'une besogne effrayante : une quantité énorme de livres (1), tableaux, gravures, et des inventaires journaliers dans les maisons proscrites qui me donnent à peine le temps de respirer Seul, je dois assister à tout ;

---

(1) Il résulte d'une lettre du district de Sens, du 18 brumaire an III, qu'on avait trouvé, dans les maisons de quinze familles de condamnés à mort, plus de 40,000 volumes.

je viens même de lever et envoyer le plan de notre bibliothèque et du musée. »

Il termine sa lettre par ce paragraphe :

« Je pense que vous avez fait retirer, du temple de la Raison, quatre excellents tableaux représentant l'histoire de Notre-Dame-de-Liesse, qui avoient été tirés de la bibliothèque du Chapitre ; ces tableaux sont de main de maître, conservez-les soigneusement (1). J'en ai vu aussi un, dans l'église de Saint-Germain, qui est intéressant. Voyez vigilants administrateurs et veillez sur ces objets, et n'oubliez rien depuis la dernière coquille trouvée chez nos ennemis jusqu'au plus petit volume sortant de chez des moines ignorants. Nous devons penser pour la génération future et lui apprendre que les François, au milieu des armes, ont su triompher de la tyrannie, conquérir la liberté et protéger les sciences en même temps !

» Salut et fraternité :

» LAIRE. »

C'était comme cela qu'il fallait parler à cette époque pour faire accueillir les idées de conservation.

Le P. Laire, en mêlant adroitement les coquilles et les ennemis, les livres et les moines ignorants, a sauvé de précieuses collections qui eussent disparu sans son zèle et son exagération factices.

Le comité de l'instruction publique de la convention changea la marche suivie jusqu'alors pour la rédaction des inventaires des livres et objets d'art ; au lieu de cartes analytiques, il demanda trois catalogues destinés, le premier pour le ministère, le second pour le département, et le troisième pour chaque district. Ces variations dans le travail n'étaient pas propres à l'activer. Cependant le P. Laire en vint à bout au moins dans son district.

Il fut ensuite nommé par la convention, le 16 ventôse an III, préposé au triage des titres pour le département de l'Yonne. Cette be-

---

(1) Ils sont encore dans la cathédrale.

sogne consistait à mettre en ordre les archives des communautés supprimées et à séparer les documents suivant leur nature : les pièces utiles aux droits de l'Etat d'un côté, les chartes historiques de l'autre. Les titres féodaux devaient être impitoyablement anéantis.

Ce triage cessa trois années après, et le P. Laire ne fut pas même payé (1)

Mais le terme de la condition précaire du savant bibliographe allait arriver. La création des écoles centrales destinées à remplacer les anciens colléges, eut lieu en l'an IV. On voulut y réunir tous les éléments propres à favoriser les études. Des bibliothèques devaient nécessairement y être attachées. L'administration du département de l'Yonne, par son arrêté du 29 floréal an IV, en conféra la place de bibliothécaire au P. Laire (2). C'était l'homme le plus apte à la remplir et à donner à l'établissement la plus grande importance. Il va donc pouvoir enfin appliquer ses idées de bibliothèque départementale. Les instructions du ministre de l'intérieur prescrivaient de compléter les bibliothèques des écoles centrales en prenant des livres dans les dépôts les plus voisins ; c'était l'idée du P. Laire réalisée. Il ne s'y épargna pas, et bientôt après il demanda à l'administration d'ordonner aux chefs-lieux des districts la remise de tous les catalogues des livres de leurs dépôts, afin de pouvoir désigner plus facilement les ouvrages dont il voulait former la bibliothèque. Cependant, par reconnaissance pour la ville de Sens, où il avait reçu asile et n'avait jamais été tracassé malgré son ancienne qualité, il voulut ménager ses intérêts littéraires et rappela qu'avant la révolution la bibliothèque du Chapitre avait été

---

(1) Il fut obligé de pétitionner pour obtenir ses honoraires. L'administration du département, en appuyant sa demande auprès du ministre, faisait valoir « qu'il est très-peu aisé dans sa fortune, et ne pourrait même subsister s'il était privé du fruit de ses intéressants travaux. Ses qualités d'homme malheureux et de savant, sollicitent à la fois toute votre humanité et tout votre intérêt. »

(2) Il jouissait d'un traitement de 2,000 fr. comme les autres professeurs de l'école.

donnée en jouissance au public, et que ce droit avait été sauvegardé par un décret du 8 pluviôse an II; mais que les nouvelles instructions du ministre n'en disaient plus rien. « Cependant, ajoute le docte moine, si on retirait des livres de cette bibliothèque, cette commune, au lieu de jouir et de profiter de la révolution, se verroit dépouiller d'une ancienne propriété et verroit enlever de son enceinte un dépôt avantageux contre l'intention du fondateur » (1).

Deux ans après ce rapport on n'était pas encore très-avancé dans l'établissement de la bibliothèque de l'école centrale, et encore moins dans celui des bibliothèques des écoles secondaires, qui devait être la conséquence du premier travail. Les administrations des districts opposaient une résistance passive qui paralysait l'activité du P. Laire. Il s'en plaignait à l'administration départementale, et l'on voit par une de ses lettres que la ville de Sens était la seule qui eût fourni son contingent (2). A Joigny, lorsqu'il s'y présenta, on lui demanda un ordre du département; à Saint-Florentin, les livres étaient encaissés depuis dix-huit mois, mais une opposition élevée devant l'administration en arrêtait l'envoi. Les villes d'Avallon et de Tonnerre avaient répondu qu'elles n'avaient plus de catalogues, de sorte qu'il fallait y aller de nouveau.

L'administration, pressée de prendre un parti pour la désignation d'un local propre à placer 25 à 30,000 volumes dont le P. Laire estimait que la bibliothèque devait être composée, parut s'occuper de la question. On fit faire un devis montant à 19,000 fr. pour l'appropriation des grands greniers de l'abbaye Saint-Germain; on devait prendre les matériaux dans la démolition de l'église, pour payer la dépense; mais les lenteurs bureaucratiques retardèrent encore la solution. Pendant ce temps, le P. Laire alla à Joigny et à Noyers presser l'envoi des livres, et fit à Tonnerre le triage de 15,000 volumes qui s'y trou-

---

(1) Le P. Laire prend, dans ce rapport, le titre de bibliothécaire général du département de l'Yonne.
(2) Lettre du 20 floréal an VI.

vaient. Sur ce nombre, il en retira 1,200, dont quelques-uns intéressants, pour l'école centrale, et il laissa le reste sous la surveillance de la municipalité.

C'est ici le lieu de parler des objets précieux que l'abbé Laire recueillit sur plusieurs points du département. Il résulte de catalogues qui existent à la bibliothèque d'Auxerre qu'il avait rassemblé au district de Sens un grand nombre de marbres, de bustes, de statues et d'inscriptions qui provenaient des cabinets de MM. de Loménie, Mégret d'Etigny et de Planelli. Ce dernier, surtout, était fort riche. M. de Planelli, d'une famille originaire d'Italie, qui avait habité longtemps Lyon, avait, dans son château de Thorigny près Sens, un grand nombre de manuscrits sur le Lyonnais, et notamment les originaux de ceux de Guichenon, des chroniques sur le Forez, l'abbaye d'Aisnay, l'église et la ville de Lyon. Plusieurs de ces ouvrages furent apportés par Laire à Auxerre et y restèrent jusqu'en 1804, époque où, comme on le verra plus loin, la bibliothèque en fut officiellement dépouillée. On a conservé heureusement un bon nombre d'imprimés et de livres à gravures qui viennent de cette origine.

Le P. Laire rapporta encore de la ville de Sens, pour former la collection des manuscrits de l'école centrale :

Un Cartulaire de Vauluisant, qui a disparu ;

La Chronique de Clarius, moine de Saint-Pierre-le-Vif ;

La Chronique de Vézelay ;

L'Abrégé de la Chronique de Saint-Marien, en papier ;

Un Recueil latin d'Epitaphes, de Pierre Bureteau ;

Une Chronique de Sainte-Colombe de Sens, par D. Cotteron ;

Tous ces manuscrits, sauf le premier, provenaient du Chapitre Saint-Etienne de Sens. Ils existent encore à la bibliothèque de la ville d'Auxerre dont ils ne sont pas l'une des moindres raretés.

On remarquera la singulière destinée de la Chronique de Vézelay, manuscrit du XIIe siècle, le seul document qu'on possède sur ce monastère (1). Il était passé, sans doute, après les guerres de religion, dans la bibliothèque du Chapitre de Sens, et il fallut une révolution pour l'amener à Auxerre.

Le Chapitre de Sens était encore très-riche en manuscrits, en 1789, car, suivant la liste dressée par le P. Laire, on en compte 88, en tête desquels est le Missel de *la Fête de l'Ane* enfermé dans deux dyptiques d'ivoire. Outre beaucoup de livres liturgiques, il signale le *Roman des déduits des Chiens et des Oiseaux*, in-4°, avec peintures, Ms du XIVe siècle;

Le *Pèlerinage de la Vie humaine*, in-f°, avec miniatures, par de Guigneville, moine de Chaalis; et dans le même volume, le *Confort de Jean de Meung*, dit *Clopinel*;

L'*Arbre des Batailles*, fait par ordre de Charles VII, in-f° très-beau;

Le *Roman de Gérard de Roussillon*, Ms du XIIe siècle, qui avait appartenu à Lacurne de Sainte-Palaye;

Les *Sermons de Maurice, évêque de Paris*, en français, in-4°, du XIIIe siècle;

Une *Chronique de Sens*, par Geoffroy de Courlon, Ms in-4° du XIVe siècle; et d'autres qui ont passé successivement de Sens à Auxerre et d'Auxerre dans la bibliothèque de l'école de médecine de Montpellier.

Le P. Laire, poursuivant son projet de former une riche bibliothèque à l'école centrale, avait réservé aussi dans les bibliothèques de M. de Clugny et d'autres émigrés, une foule de beaux livres à gravures; les collections de blasons qu'il annonçait devoir détruire avaient échappé au feu qui n'avait dévoré que les moins importantes.

En centralisant à Auxerre les livres et les manuscrits de choix des arrondissements, le P. Laire avait trouvé déjà un fond très-riche dans les collections du Chapitre, de Saint-Germain et des autres communautés de la ville et de l'abbaye de Pontigny. Celle-ci surtout renfermait de précieux manuscrits qui étaient au nombre de 305 en 1778. Tout cela réuni en l'an VII, devenait embarrassant. La bibliothèque matérielle ne se faisait pas. On avait bien à Saint-Germain une salle

---

(1) Il a été édité par le P. Labbe.

qui servait de cabinet littéraire et où l'on avait placé à grand'peine 900 volumes, avec un musée à côté. Le public y avait été admis le 6 fructidor an VI ; mais les livres n'étaient ni classés ni installés ; aussi, le P. Laire se plaint-il aux administrateurs du département dans ce langage pittoresque :

« Votre bibliothécaire entend les gémissements et les soupirs de vingt mille auteurs et de 30,000 volumes. Il entend leur voix plaintive : organe de ces génies infortunés, il soupire après l'heureux moment de leur réunion, pour qu'il puisse par leur moyen régénérer la jeunesse, la conduire à l'Hypocrène et au sanctuaire des Muses, et là lui faire goûter les fruits et les douceurs d'une liberté reconquise.

» Une bibliothèque ! citoyens administrateurs, une bibliothèque ! Nous avons des livres, et ce trésor infructueux est enfoui, lorsque de toutes parts j'entends répéter à une ardente jeunesse : Je veux des livres, je veux lire, je veux m'instruire pour me rendre utile à ma patrie, pour être son enfant légitime et en mériter le titre (1). »

Le directoire du département ne trouva pas d'autre moyen de résoudre la difficulté que la pénurie d'argent faisait naître pour l'établissement de la bibliothèque, que de vendre, pour la démolir, l'église Saint-Germain qui était estimée 39,000 fr. On devait avec ce prix exécuter les travaux projetés pour la bibliothèque.

Heureusement, encore pour ce monument, que malgré l'avis de la députation de l'Yonne le ministre des finances refusa son approbation jusqu'à ce que la cession de l'ex-abbaye Saint-Germain, pour l'établissement de l'école centrale, fût définitive. Les événements marchèrent plus vite que le projet de la bibliothèque, et l'école centrale fut supprimée avant aucune solution.

En attendant, le P. Laire poursuivait le cours de ses travaux. Il veillait avec soin à la formation des bibliothèques secondaires dans les chefs-lieux d'arrondissement, avec les livres qu'il avait

---

(1) Lettre du 26 brumaire an VII. — Archives de l'Yonne.

laissés (1) ; il ouvrait un cours de bibliographie, en exécution de la circulaire du ministre de l'intérieur du 20 brumaire an VII, soutenait le lycée de l'Yonne qu'il avait contribué à fonder et sollicitait de l'administration des fonds pour faire faire des fouilles dans le faubourg de Saint-Martin-lès-Saint-Julien (2).

Rien ne ralentissait son ardeur, lorsqu'il fut atteint tout-à-coup d'une affection qui le conduisit rapidement au tombeau, le 27 mars 1801 (3). Il n'avait que 63 ans.

Le P. Laire, au dire de ses contemporains, avait une bonté et une aménité de caractère remarquables. C'est ce qui ressort évidemment de sa correspondance et ce que témoigne son portrait qui est conservé dans la bibliothèque d'Auxerre. Il se fit peindre à Rome, en 1776, à l'âge de 38 ans. Il est représenté en costume de Minime, assis à sa table d'étude, la plume à la main, et tenant un papier sur lequel on lit ces mots qui résument l'homme tout entier : *In studio et amicis* Il a la face large, le teint coloré, l'œil noir et expressif, le front élevé, et le nez large et prononcé (4).

Le P. Laire a composé un grand nombre d'ouvrages concernant la bibliographie, dont quelques-uns sont restés manuscrits. Il a publié aussi des *Recherches* et *Observations historiques* sur un monument qui

---

(1) Il en donna une preuve, lorsque la ville de Tonnerre voulut établir sa bibliothèque pour l'utilité des élèves de l'école centrale supplémentaire. Il émit un avis favorable, ainsi conçu : « La ville de Tonnerre ayant depuis plusieurs années manifesté un empressement bien marqué pour obtenir une bibliothèque à l'usage des citoyens qui la composent, ayant d'ailleurs fourni dans le faible dépôt des livres qui s'y trouvaient ceux qui pouvaient convenir à la bibliothèque centrale, je crois qu'elle peut et doit, en raison de sa population et de son amour des sciences, être placée au nombre des villes de ce département auxquelles le gouvernement accordera la jouissance d'une bibliothèque. Auxerre, 18 fructidor an VIII. — Archives de l'Yonne.

(2) 25 thermidor an VII.

(3) Le 6 germinal an IX.

(4) Le tableau, qui n'est pas sans mérite, porte au dos qu'il fut peint à Rome, en 1776, sous la direction de Pompée Battoni, par Pietro Labruzzi, romain.

existait dans l'église de Sens (1) (le tombeau du cardinal Duprat), et une *Lettre sur des monuments antiques* trouvés dans le département de l'Yonne (2), où il rend compte de la découverte de l'atelier monétaire d'Auxerre.

La notice composée sur lui, par M Weiss, dans la Biographie de Michaud, rend compte de tous ses autres ouvrages ; on pourra s'y reporter si l'on désire les connaître.

La mort du P. Laire laissait vacante une place difficile à remplir convenablement par ses successeurs. Il avait habitué le public et les élèves de l école centrale à une érudition profonde et cependant agréable, il semblait avec lui qu'on savait tout ce qu'il racontait des beaux livres et des sujets rares et curieux.

Le jury central d'instruction publique du département présenta au préfet, le 4 thermidor an ix, M. Moreau du Fourneau pour succéder au P. Laire. C'était encore un savant modeste et instruit qui avait été avant 1789 préposé au dépôt de législation à la bibliothèque du roi.

L'installation de la bibliothèque ne marchait pas, et elle reçut un coup fatal par la suppression des écoles centrales. A Auxerre les scellés furent apposés sur les portes des salles qui la renfermaient, en vertu d'un arrêté du 1er consul, du 23 fructidor an xi. Le 8 pluviôse précédent, les villes où avaient existé des écoles centrales, et où l'on organisait des lycées et des écoles secondaires à leur place, avaient été dotées par un autre arrêté des bibliothèques de ces établissements supprimés, à condition d'y instituer un conservateur.

A partir de ce jour, la ville d'Auxerre possède une bibliothèque. C'est de là que date l'origine de son droit sur le précieux et vaste dépôt formé avec tant de soins et d'intelligence par le P. Laire.

Mais il se passera encore de longues années avant qu'on sache l'utiliser complètement. Les livres entassés sous les voûtes de l'église de Saint-

---

(1) Mag. Encycloped. 3e année, p. 542.
(2) *Ibid.* 5e année, t. iii, p. 106.

Germain, et ceux qui étaient dans la grande salle de la bibliothèque du collége d'Auxerre, seront dispersés, volés et déchirés.

En l'an xi, le préfet fit vendre un certain nombre de doubles pour payer le bel exemplaire du Racine de Didot (3 vol. in-folio), qu'on estimait 1,200 fr. (1).

La collection de Saint-Germain, qui était la plus précieuse, avait perdu déjà alors, au profit des dépôts de Paris, une Bible polyglotte de Valton, et un grand nombre de recueils de gravures.

La visite de M. Prunelle, envoyé par le ministre de l'intérieur, M. Chaptal, au mois de thermidor an xii, « pour prendre note des ouvra- » ges et manuscrits qui sont de nature à être remis aux bibliothèques » nationales et de surveiller leur envoi » fut la plus funeste à la bibliothèque.

40 manuscrits et 140 ouvrages imprimés furent enlevés par M. Prunelle, au profit de l'école de médecine de Montpellier. Parmi les manuscrits on remarque :

Liber antiquitatis (judaïcœ) Josephi, xiiie siècle ;

Chronicon S. Mariani Autissiodorensis, xiiie siècle, in-folio ;

Cartes marines, Mappemonde, etc. xvie siècle, in-folio. Volume précieux, dit le catalogue ;

Recueil de Guichenon, en 32 vol. in-folio, qui contient un grand nombre de pièces originales et de lettres relatives à l'histoire de France et de Savoie. Il provenait de l'émigré Planelli ;

Policraticus (Johannis Saresberiensis) de curialibus nugis et de vestigiis philosophorum, xiie siècle, in-folio ;

Missale Senonense, xive- xve siècle, in folio ;

Un manuscrit de Guillaume de Tyr, xiiie siècle, in-folio ; etc.

Aucun de ces manuscrits, chose singulière, ne traite de la médecine. Ne serait-on pas en droit de s'étonner de cette mesure et de demander pourquoi la ville d'Auxerre était-elle destinée à fournir à l'école de

---

(1) Il existe dans le cabinet de lecture de la bibliothèque.

médecine de Montpellier les éléments de ses richesses paléographiques et historiques (1)?

Le premier bibliothécaire institué par le maire de la ville, en exécution du décret du 8 pluviôse an XI, fut M. de Villiard, prêtre, chanoine honoraire de Troyes, auquel on accorda 600 fr. par an (2).

En 1806, on résolut de vendre une grande quantité de livres de rebut et dépareillés ainsi que des vieux parchemins. C'est un M. Nève, libraire à Paris, qui fit cette acquisition. Malgré l'examen auquel se sont livrés deux anciens bibliothécaires, on ne peut que regretter surtout la vente des vieux parchemins. On a perdu à coup sûr plus d'un manuscrit précieux bien qu'incomplet.

L'administration municipale n'était pas portée d'un grand zèle pour la bibliothèque dont le gouvernement l'avait dotée si libéralement. Il s'agissait de trouver un local pour l'installer et les finances étaient peu prospères. Cependant le préfet, M. de la Bergerie, pressait instamment de prendre une décision. La lettre qu'il écrivait au maire, le 16 octobre 1806, est curieuse par la manière énergique dont il lui reproche de laisser périr la bibliothèque. Il va même jusqu'à le menacer de proposer au ministre d'en partager les livres entre toutes les écoles secondaires du département.

Le maire, M. Noirot, prit feu à cette menace; il chercha à se justifier et finit par proposer de placer provisoirement la bibliothèque à Notre-Dame-la-d'Hors, dans le lieu qu'elle occupe actuellement. Au mois de mai 1807, le conseil municipal décida que les bâtiments de l'aile gauche du collége seraient élevés sur toute leur longueur pour y recevoir la bibliothèque, et qu'en attendant, on la placerait où le proposait M. Noirot.

---

(1) On n'a pas cessé de réclamer contre cet enlèvement. Le préfet, dans un rapport au ministre, daté de 1817, le signale formellement.
(2) Arrêté du 30 ventôse an XIII.

Il ne paraît pas que ce projet ait reçu d'exécution. En 1812, les livres étaient tous au collége, mais les uns gisaient dans la chapelle (7,800) ; il y avait 18,900 volumes dans la bibliothèque, et 1,100 autres dans un grenier ; le total était évalué à 27,800. On comptait dans ce nombre 600 manuscrits, 100 volumes ou collections de cartes, plans et gravures. Ces deux chiffres sont bien diminués, surtout le premier, car on ne voit plus dans les armoires que 160 manuscrits.

Les recommandations de faire cataloguer la bibliothèque continuaient incessamment de la part du ministre de l'intérieur, qui, en 1812, désignait M. Chapet, ancien oratorien, pour seconder le principal du collége dans la rédaction du catalogue. Ce travail fut donc entrepris au commencement de la Restauration et le principal du collége qui en était conservateur depuis 1808, y donna ses soins pendant plusieurs années (1).

Mais on n'aboutit à rien de sérieux, parce que la ville ne faisait pas les fonds suffisants pour le travail qu'exigeait un catalogue et que l'emplacement occupé par la bibliothèque était trop exigu.

C'est seulement en 1822 que M. Leblanc, alors maire, commença à s'occuper pour tout de bon de la bibliothèque. Il fit décider que les bâtiments de Notre-Dame-la-d'Hors y seraient affectés ; et il nomma M. Lefebvre en qualité de bibliothécaire. Le nouveau titulaire, qui avait bravement servi son pays dans les guerres de l'Empire, saisit avec empressement l'occasion qui se présentait d'être utile à sa ville natale. Homme d'esprit, plein des poètes du dernier siècle, le capitaine Lefebvre devint le restaurateur du dépôt qui lui était confié. Le transport des livres commencé en 1822 fut achevé en trois ans. Tout fut classé par ordre naturel dans les vastes salles de l'établissement. En 1824, le public fut admis à le visiter et à y travailler. Depuis ce temps, M. Lefebvre a continué jusqu'en 1849, année de sa mort, à donner ses soins à la bibliothèque. En avançant en âge, le digne bibliothécaire

---

(1) La ville lui faisait à cet effet un traitement de 400 francs.

n'avait rien perdu de sa gaieté et de ses saillies; mais, il faut le dire, peu secondé en général par l'administration, il laissa le dépôt dans un état stationnaire, et aux richesses accumulées par le P. Laire, il ne put joindre beaucoup de richesses nouvelles.

Espérons que le temps et les circonstances, me permettront d'être plus heureux.

QUANTIN.
Archiviste du département.

Auxerre — Typographie de Ed. PERRIQUET.

n'avait rien perdu de sa gaieté et de ses saillies; mais, il faut le dire, peu secondé en général par l'administration, il laissa le dépôt dans un état stationnaire, et aux richesses accumulées par le P. Laire, il ne put joindre beaucoup de richesses nouvelles.

Espérons que le temps et les circonstances me permettront d'être plus heureux.

QUANTIN.
Archiviste du département.

Auxerre — Typographie de Ed. PERRIQUET.

www.ingramcontent.com/pod-product-compliance
Lightning Source LLC
Chambersburg PA
CBHW070449080426
42451CB00025B/2021